Cuaderno A
Ejercicios para los estudiantes de habla inglesa

Avanzando
Gramática española y lectura

Sara Lequerica de la Vega
Carmen Salazar Parr
Los Angeles Valley College

John Wiley & Sons, Inc.
New York · Santa Barbara · Chichester · Brisbane · Toronto

ISBN 0 471 02732 4

Printed in the United States of America

10 9 8 7 6 5 4 3 2

Preface

Avanzando: gramática española y lectura offers a *Cuaderno A* and a *Cuaderno B,* that is, two separate workbooks and tape programs. *Cuaderno A* is for English speakers. *Cuaderno B* is for Spanish speakers.

Cuaderno A is specifically designed to help native speakers of English overcome their problems with Spanish. This *Cuaderno* focuses on the learning of key grammatical structures presented in the grammar text. There are grammar and spelling drills, English to Spanish translations, and creative exercises in the form of guided compositions to develop vocabulary and communication skills. Most of the grammar drills are theme-oriented, based on cultural subjects or present-day situations. In addition, *Cuaderno A* includes materials for reading and listening with questions and exercises to check comprehension, pronunciation exercises, and dictations.

This *Cuaderno* may be used in conjunction with Tape Program A. The exercises are identified by a system of letters and numbers which is the same in the workbook and on the tape. The letters (A, B, C, etc.) correspond to the grammar sections in the grammar text. The exercises which have been recorded, including all pronunciation and dictation exercises, are identified in this workbook by the initials **CM** (for *cinta magnetofónica*). All exercises on tape should be done orally, including those which call for a written answer in the workbook. The writing is to be done either before or after listening to the tape.

An answer key appears at the end of this *Cuaderno* so that students may check their own work.

S. L. V.
C. S. P.

Índice

Índice

Capítulo preliminar

DIPTONGOS. TRIPTONGOS. ACENTUACIÓN. DIVISIÓN DE SÍLABAS. REGLAS ORTOGRÁFICAS. MAYÚSCULAS. LA ORACIÓN Y SUS ELEMENTOS PRINCIPALES.

ACENTUACIÓN

B.I. Subraye la sílaba que lleva el acento hablado y escriba el acento en los casos necesarios.

1. trabajo	9. llamas	17. lealtad	25. escribia
2. comieron	10. fuego	18. irlandes	26. maiz
3. Guadalajara	11. Peru	19. actriz	27. platano
4. lapiz	12. Brasil	20. cafe	28. examenes
5. facil	13. compositor	21. lei	29. jovenes
6. Carmen	14. aleman	22. salio	30. Mexico
7. zona	15. nacion	23. tendre	31. iban
8. angel	16. amistad	24. hariamos	32. dijo

B.II. Haga oraciones originales con las siguientes palabras.

1. célebre _____

2. celebré _____

3. público _____

4. publico _____

5. Pacífico _____

6. pacificó _____

DIVISIÓN DE SÍLABAS

C.I. Divida las siguientes palabras en sílabas.

1. maravilloso _____

2. paisano _____

3. aguacate _____

4. instrucción _____

5. enfrentarse _____

6. corrido _____

7. allanar _____

8. veía _____

9. amarraría _____

10. innecesario _____

REGLAS ORTOGRÁFICAS. MAYÚSCULAS.

(CM) D.E.I. Dictado. Escuche con atención las oraciones que se repetirán dos veces. La primera vez se leerá toda la oración para comprensión. La segunda vez se leerá la oración despacio para que la tome al dictado.

1. _____

_____

2. _____

_____

3. _____

_____

4. _____

_____

5. _____

LA ORACIÓN Y SUS ELEMENTOS PRINCIPALES

F.I.   Indique en las siguientes oraciones el sujeto (**s**), el verbo (**v**), y los complementos (**c**): predicativo (**pr**), directo (**dir**), indirecto (**ind**), circunstancial (**cir**).

> **MODELO:**   <u>La América Hispana</u> <u>ha dado</u> <u>grandes poetas.</u>
>   **s**   **v**   **c dir**

1. Rubén Darío fue un gran poeta nicaragüense.

2. Sus poemas son musicales. Los versos fluyen con soltura.

3. Darío introdujo innovaciones en la poesía.

4. Él escribió un poema a Walt Whitman.

5. Los poetas de su época trataron de imitar a Darío.

F.II.   Forme oraciones completas con los elementos dados.

> **MODELO:**   sobre/ Andes/ los/ volaba/ avión/ el
>   **El avión volaba sobre los Andes.**

1. adoraban/sol/incas/el/los

_____

2. los incas/quechua/lengua/la/hablaban

_____

3. la llama/alpaca/vicuña/la/y la/animales de carga/eran

_____

4. llegó al norte del Perú/Francisco Pizarro/1532/en

_____

4. Les doy un susto.

_____

5. Estoy con mucho catarro.

_____

(CM) **C.II.** Conteste las preguntas en forma afirmativa.

> **MODELO:** ¿Visitó ayer a su amigo?
> **Sí, visité ayer a mi amigo.**

1. ¿Hizo calor la semana pasada?

_____

2. ¿Jugó al tenis con Eutimio?

_____

3. ¿Colgó la ropa en el armario?

_____

4. ¿Trajo Ud. el pan que le pedí?

_____

5. ¿Se acostó pasada la media noche?

_____

C.III. Escriba el pretérito de los siguientes verbos.

1. se sienta _____
2. pides _____
3. puede _____

4. miente _____
5. sirvo _____
6. me divierto _____

IMPERFECTO

(CM) **D.I.** Cambie las oraciones usando los verbos en el imperfecto de indicativo.

MODELO: Dolores **tiene** poco dinero.
Dolores **tenía** poco dinero.

1. Ella necesita abrir una cuenta en el banco.

_____

2. Todos los meses tiene que pagar muchas cuentas.

_____

3. Trata de gastar lo menos posible.

_____

4. El banco cobra $3.00 mensuales.

_____

5. Dolores siempre revisa los cheques cancelados.

_____

USOS Y DIFERENCIA ENTRE EL PRETÉRITO Y EL IMPERFECTO DE INDICATIVO

E.I. Traduzca cada oración al inglés. Después escriba la misma oración en español usando el verbo en pretérito y tradúzcala al inglés.

MODELO: Ella **compraba** zapatos en esta tienda.
She used to buy shoes in this store.
Ella **compró** los zapatos en esta tienda.
She bought the shoes in this store.

1. Se acostaban muy tarde. _____

_____

2. La niña comía poco. _____

_____

10

3. Luisa paseaba por el parque. _____

_____

4. La chica tenía buena suerte. _____

_____

E.II. Traduzca al español.

1. *They were reading the letter when I came in.*

_____

2. *Although she was very pretty, she was not very popular.*

_____

3. *They used to go to school by bus when they lived on the farm.*

_____

4. *He was ten years old when he came to Texas.*

_____

5. *There were several persons looking at the program.*

_____

E.III. Complete las frases con el pretérito o el imperfecto de indicativo de los verbos a la derecha.

1. Cuando nosotros _____ al aeropuerto de   llegar; hacer

   San Juan, en Puerto Rico, _____ mal tiempo.

2. El piloto nos _____ que el avión no   informar; ir

   _____ a poder salir.

3. Mi marido y yo no _____ si regresar al   saber; poder

hotel o esperar en el aeropuerto, pues nadie _____

_____ predecir la demora.

4. _____ torrencialmente y _____   llover; soplar

_____ un viento de huracán.

5. (Nosotros) _____ esperar pacientemente y después   decidir; oír

de seis horas de espera _____ el anuncio

de la salida de nuestro vuelo para Los Ángeles.

E.IV. Complete las frases con el pretérito o el imperfecto de indicativo de los verbos a la derecha.

1. Yo _____ durmiendo la siesta cuando el   estar; despertar

olor a leña quemada me _____.

2. Me _____ a la ventana y   asomar; ver; arder

_____ que _____

un fuego en el solar de la esquina.

3. _____ mucho viento y las llamas se   hacer; extender

_____ a gran velocidad.

4. _____ a llamar a los bomberos y a la policía.   correr

5. En seguida _____ la bomba de incendio y   llegar; poder

los bomberos _____ apagar el fuego en

menos de media hora.

E.V. Complete las oraciones con el pretérito o el imperfecto de indicativo de los verbos a la derecha.

1. _____ las tres de la tarde y el cielo   ser; estar

_____ cubierto de nubes oscuras.

12

2. Nosotros _____ ir a montar a caballo pero   querer; parecer; ir; decidir

   como _____ que

   _____ a llover _____

   quedarnos en casa.

3. Entonces Miguel _____ a Jaime por teléfono   llamar; preguntar; querer

   y le _____ si él

   _____ venir a nuestra casa.

4. Jaime le _____ que   contestar; estar; ir

   _____ estudiando pero que en una hora

   _____ a terminar.

5. Cuando Jaime _____ nosotros   llegar; tomar; sentarse

   _____ unas cervezas y

   _____ a jugar a las cartas.

E.VI. Complete la traducción al español de cada oración, escogiendo la forma verbal adecuada.

1. *We often went to that restaurant.*
   A menudo (íbamos, fuimos) a ese retaurante.

2. *I did insure my car with your company.*
   (Yo) (aseguraba, aseguré) mi carro con su compañía.

3. *The manager used to pay us the last day of the month.*
   El gerente nos (pagaba, pagó) el último día del mes.

4. *He left me his money when he died.*
   Él me (dejó, dejaba) su dinero cuando (murió, moría).

5. *When I was young I used to travel a lot.*
   Cuando (fui, era) joven (viajé, viajaba) mucho.

EJERCICIOS DE PRONUNCIACIÓN

(CM) 1. Repita las palabras prestando atención a los sonidos **au, eu, ue, ei, ie**.

au	eu	ue	ei	ie
cautivo	Europa	cuentan	rey	desierto
autor	Eulogio	huésped	reinar	diecisiete
Laura	reunir	puerta	afeitar	viejo
Aurelio	neurastenia	muerto	peinar	viernes

(CM) 2. Repita las frases.

1. Cuentan que el rey cautivo era de Arabia.

2. El huésped se reunió con Aurelio.

3. Eulogio salió para Europa el viernes diecisiete.

4. Laura sufre de neurastenia.

5. El autor salió por la puerta del fondo.

DICTADO

(CM) Escuche con atención las oraciones que se repetirán dos veces. La primera vez se leerá toda la oración para comprensión. La segunda vez se leerá la oración despacio para que la tome al dictado.

1. _____

_____

_____

2. _____

_____

_____

3. _____

_____

_____

14

4. _____

   _____

   _____

5. _____

   _____

   _____

Capítulo 2

FUTURO. CONDICIONAL. PARTICIPIO PASADO. TIEMPOS COMPUESTOS DEL INDICATIVO. USOS DE SER Y ESTAR.

FUTURO. CONDICIONAL.

(CM) A.I. Conteste las preguntas según el modelo sustituyendo la forma **ir a** + *infinitivo* por el verbo en futuro.

> **MODELO:** ¿**Va a seguir** Modesto su consejo?
> Sí, Modesto **seguirá** mi consejo.

1. ¿Vas a ver la película?

_____

2. ¿Vas a decirle la verdad a tu mujer?

_____

3. ¿Vas a darle el regalo a tu marido?

_____

4. ¿Va a obtener Jaime el puesto?

_____

5. ¿Van ellos a hacer un viaje?

_____

A.II. Complete las frases con el futuro de los verbos a la derecha.

1. ¿A qué hora _____ la reunión del sindicato esta noche? ser

2. Probablemente _____ mucha gente allí. haber

3. El presidente de la compañía les _____ a los empleados. hablar

17

4. Después el presidente del sindicato _____ sus puntos de vista. exponer

5. Es seguro que los empleados no _____ a la huelga. ir

A.III. Escriba el futuro y el condicional de los verbos según el sujeto indicado.

	futuro	**condicional**
MODELO: hacer (yo)	**haré**	**haría**
1. querer (tú)	_____	_____
2. dar (yo)	_____	_____
3. reír (nosotros)	_____	_____
4. saber (Ud.)	_____	_____
5. caber (Uds.)	_____	_____

(CM) A.IV. Cambie los verbos de las oraciones del presente al pretérito y del futuro al condicional.

MODELO: El observatorio **dice** que **hará** frío.
El observatorio **dijo** que **haría** frío.

1. El Sr. Gutiérrez Lanza dice que nevará.

_____

2. El periódico dice que lloverá.

_____

3. Pienso que saldrá el sol.

_____

4. Me imagino que habrá niebla.

_____

5. Creo que hará calor.

_____

A.V.   Complete las oraciones usando el futuro o el condicional de los verbos a la derecha.

1. Ellos me dicen que _____ .   llamar

2. Él dijo que no _____ .   venir

3. ¿ _____ las cinco ahora?   ser

4. _____ las dos cuando él se fue.   ser

5. Yo _____ contigo, pero tengo que estudiar.   ir

6. Si ellos tuvieran más amigos no _____   estar

   tan solos.

7. Yo sé que _____ una reunión mañana.   haber

8. ¿ _____ Ud. cambio para este billete de   tener

   $20.00?

9. ¿Qué _____ lo que le pasa a Roberto?   ser

10. Yo _____ a Irene, pero ella no está en   invitar

    la ciudad.

A.VI.   Complete las oraciones traduciendo al español los verbos que están en inglés a la derecha.

1. Yo no _____ que hacer en esa situación.   *would know*

2. Tú _____ más dinero.   *could earn*

3. ¿Le _____ tomar un refresco de piña?   *would you like?*

4. Ella avisó que _____ tarde.   *will arrive*

5. Yo _____ de pie.   *shall die*

PARTICIPIO PASADO

B.I. Complete las oraciones con el participio pasado, usado como adjetivo, de los verbos a la derecha.

1. La lavadora de platos está _____ .   romper

2. La cocina está _____ de grasa.   cubrir

3. La olla de presión está _____ .   descomponer

4. La familia está _____ de hambre.   morir

5. La señora está _____ con tantos problemas.   desesperar

TIEMPOS COMPUESTOS DEL INDICATIVO

C.I. Complete las oraciones con el presente perfecto de los verbos a la derecha.

MODELO: Ellos _____ para limpiar la casa.   venir
Ellos **han venido** para limpiar la casa.

1. El gobierno venezolano _____   dar

   más de cinco mil becas a estudiantes.

2. Estos estudiantes _____ a estudiar   ir

   fuera del país.

3. Las becas _____ parte de un programa   ser

   para aumentar la capacidad tecnológica de Venezuela.

4. Muchos estudiantes _____ a estudiar   venir

   a los Estados Unidos.

5. Después _____ para trabajar en su patria.   regresar

C.II. Conteste las preguntas según el modelo empleando las palabras en paréntesis con el verbo en el pluscuamperfecto de indicativo.

    MODELO: ¿Qué dijo Isabel? (limpiar la casa)
          Que ya había limpiado la casa.

  1. ¿Qué dijo tu hermana? (pasar la aspiradora)

    _____

  2. ¿Qué dijiste? (pulir los muebles)

    _____

  3. ¿Qué dijeron los hombres? (lavar las ventanas)

    _____

  4. ¿Qué dijo Inés? (encerar los pisos)

    _____

  5. ¿Qué dijeron ellos? (barrer la terraza)

    _____

C.III. Conteste las preguntas según el modelo empleando las palabras en paréntesis y usando el verbo en el futuro perfecto.

    MODELO: ¿Qué compraron ellos? (una motocicleta)
          Habrán comprado una motocicleta.

  1. ¿Qué aprendió Jesús? (a patinar)

    _____

  2. ¿Qué hizo Remigio? (montar bicicleta)

    _____

  3. ¿Adónde fueron Salvador y Pánfilo? (a nadar en el lago)

    _____

4. ¿Qué trajeron del lago? (las truchas que pescaron)

_____

C.IV. Basándose en la información dada, complete las oraciones según el modelo.

    MODELO: No mandaste la solicitud, no obtuviste la beca.
                Si hubieras mandado la solicitud, **habrías obtenido la beca.**

1. No vino Leticia, no la vi.

    Si hubiera venido Leticia, _____.

2. No obtuve el préstamo, no compré la casa.

    Si hubiera obtenido el préstamo, _____.

3. No llegué a tiempo, no pude salir en el avión de las tres. Si hubiera llegado

    a tiempo, _____.

4. No vinieron mis amigas, no salí con ellas. Si hubieran venido

    mis amigas, _____.

C.V. Traduzca al español.

1. _Mrs. Osorio has sold her home; she will move next month._

    _____

    _____

2. _They had sent the letter by air mail._

    _____

3. _My wife will have finished preparing dinner by seven o'clock._

    _____

    _____

22

NOMBRE _____ CURSO _____ SECCIÓN _____

4. *I would have given him the book, but he did not come to the library.*

_____

_____

5. *They probably have sold the house.*

_____

USOS DE SER Y ESTAR

D.I. Complete las oraciones con el tiempo apropiado de **ser** o **estar**.

1. _____ evidente que Ud. no comprende nada.

2. Ellos siempre _____ muy ocupados.

3. Mi tío _____ un abogado famoso.

4. El año pasado Alfredo _____ el presidente de los Rotarios.

5. _____ la una cuando llegamos anoche a casa.

6. Mi amigo René _____ de Colombia.

7. Mi esposo _____ ahora en Panamá en viaje de negocios.

8. Las sillas del patio _____ de aluminio.

9. Ana y Rosalía _____ dos chicas muy inteligentes;

   actualmente ambas _____ estudiando derecho.

10. La boda _____ el mes que viene.

D.II. Complete las oraciones traduciendo al español los verbos que están en inglés a la derecha.

1. Pablo _____ muy triste hoy   *is*

2. Rita _____ una chica estupenda.   *is*

3. Ellos _____ mis mejores amigos.   *are*

4. Los muchachos _____ pescando en el muelle.   *are*

5. _____ lástima que no pueda acompañarme.   *It is*

6. ¿_____ Uds. en Acapulco el año pasado?   *Were*

7. César _____ siempre un buen estudiante.   *was*

8. Ellos _____ de Chihuahua.   *were*

D.III. Traduzca al español.

1. *The pear is green (not ripe).*

   _____

2. *What is the new building like? It is very modern.*

   _____

3. *The boy is not lazy, he is tired.*

   _____

4. *Mr. Villa is my Spanish professor.*

   _____

5. *Jorge is tall for his age.*

   _____

6. *That judge is really a good person.*

   _____

7. *Are you (Ud.) ready?*

   _____

8. *Manuel and I are cousins.*

   _____

EJERCICIOS DE PRONUNCIACIÓN

(CM) **1.** Repita las palabras prestando atención a los sonidos **ai, ia, oi, io, ua.**

ai	ia	oi	io	ua
paisaje	haitiano	boina	sitio	suave
paisano	confianza	oigo	misterioso	cuatro
baile	iglesia	hoy	medio	sensual
Haití	ingeniaba	voy	piojo	guagua

(CM) **2.** Repita las frases.

1. El paisaje de Haití es suave y tropical.
2. Amelia bailaba con mucha sensualidad.
3. El paisano de Antonio usa siempre una boina roja.
4. Oigo el coro cuando voy a la iglesia.
5. Dicen que el avión salió de un sitio misterioso.

COMPRENSIÓN ORAL

(CM) Escuche los párrafos que se leerán a continuación y después indique si las oraciones son verdaderas (**V**) o falsas (**F**).

A. 1. _____ Una persona que enseñe geografía puede ser un buen agente de viaje.

2. _____ Un agente de viaje debe hablar varios idiomas.

3. _____ Es necesario que el agente de viaje sea abogado.

4. _____ Un buen agente de viaje tiene que reunir muchas cualidades.

B. 1. _____ Me fui al aeropuerto porque no tenía nada que hacer.

2. _____ Todos los turistas lucen lo mismo.

3. _____ La mujer turista lleva muchas cámaras fotográficas.

4. _____ El hombre pone los mapas en la cartera.

C. 1. _____ La televisión es un fenómeno que afecta a muy poca gente.

2. _____ El que sufre de televisionitis acaba por ser muy culto.

3. _____ La persona que está siempre pegada al televisor sufre de televisionitis.

4. _____ La televisionitis es una forma de esclavitud.

Capítulo 3

MODO SUBJUNTIVO: PRESENTE, IMPERFECTO, PRESENTE PERFECTO Y PLUSCUAMPERFECTO.

PRESENTE DE SUBJUNTIVO

(CM) A.I. Cambie las oraciones sustituyendo los verbos según el modelo.

> **MODELO:** Tal vez **te llame** mañana. (ver)
> Tal vez **te vea** mañana.

1. Dudo que llueva hoy. (nevar)

   _____

2. Es posible que salga de compras. (ir)

   _____

3. Esperamos que te mejores. (divertirse)

   _____

4. Martín nos pide que lo ayudemos. (llevar)

   _____

5. ¿Me permite que use su abrigo? (colgar)

   _____

A.II. Complete las oraciones según el modelo, empleando las palabras en paréntesis en forma adecuada.

> **MODELO:** (cortar los árboles)
> Es posible que yo **corte los árboles.**

1. (llevar el carro al garage)

   Es necesario que yo _____

27

(engrasar el carro)

Es necesario que yo _____

(poner gasolina en el carro)

Es necesario que yo _____

2. (llamar esta noche)

Espero que Alfredo _____ , _____

(almorzar con nosotros)

Espero que Alfredo _____

(encontrar un buen empleo)

Espero que Alfredo _____

3. (estar mejor)

Me alegro de que Ud. _____

(poder ir al trabajo)

Me alegro de que Ud. _____

(ganar mucho dinero)

Me alegro de que Ud. _____

4. (tardar tanto)

Es extraño que ellos _____

(conocer ese pueblo)

Es extraño que ellos _____

(volver tan tarde)

Es extraño que ellos _____

(CM) 2. Repita las frases.

1. La viuda vive en la ciudad.

2. Los ciudadanos celebraron el triunfo.

3. Los turistas visitaron las ruinas.

4. Encontraron al hombre ahogado en el lago.

5. Las aeromozas caminan por el aeropuerto.

LECTURA

Lea la siguiente selección y conteste las preguntas que siguen.

Según la versión histórica de la época de Itzcoatl y Tlacaélel los aztecas ocupaban la tierra legendaria de Aztlán, que quiere decir "tierra blanca". La situación geográfica exacta de esta tierra no se ha podido determinar. Se sabe que quedaba al norte de México ocupando, tal vez, alguna parte de lo que hoy es el suroeste de los Estados Unidos. Los aztecas, obedeciendo los designios de su dios Huitzilopochtli, emigraron hacia el sur en busca de la señal que les había indicado el dios: un águila parada en lo alto de un nopal. En el lugar así señalado deberían fundar la ciudad que llegaría a ser el centro de la nación más poderosa de todo México.

Después de más de cien años de peregrinación y de luchas con los pueblos que habitaban el valle, los aztecas, guiados por el sacerdote y caudillo Ténoch, encontraron en un islote del lago Texcoco la señal que buscaban. Vieron en lo alto de un nopal un águila con una serpiente en las garras. La posibilidad de fundar una ciudad en una isla representaba una ventaja enorme sobre los otros pueblos circundantes. La isla les ofrecía una situación estratégica contra los ataques enemigos, y el tener una ciudad con canales les facilitaba las comunicaciones y el transporte de materiales y alimentos, especialmente teniendo en cuenta que en aquella época no tenían ni caballos ni bueyes.

Las primeras viviendas rudimentarias que construyeron en esta isla, elegida por el dios Huitzilopochtli, sirvieron de inicio a la gran ciudad de Tenochtitlán que con el tiempo llegó a ser el centro más importante de la civilización azteca.

1. ¿Cuál fue la fuerza principal que hizo que los aztecas emigraran hacia el sur?

_____

_____

2. ¿Cómo fue el proceso de la emigración?

_____

_____

3. ¿Buscaban los aztecas un lugar determinado para fundar la ciudad?

_____

_____

4. ¿Por qué escogieron el islote del lago Texcoco?

_____

_____

5. ¿Qué ventajas les ofrecía la nueva ciudad?

_____

_____

_____

_____

Capítulo 4

USOS DEL SUBJUNTIVO. SECUENCIA DE TIEMPOS.
CLÁUSULAS CON SI. IMPERATIVO.

USOS DEL SUBJUNTIVO. SECUENCIA DE TIEMPOS.

(CM) A.B.I. Complete las oraciones usando el verbo en el presente o el imperfecto de subjuntivo según sea necesario.

> **MODELO:** Ganamos el partido. (Deseo)
> Deseo **que ganemos el partido.**
> Jugué en el otro equipo. (Necesitaban)
> Necesitaban **que jugara en el otro equipo.**

1. Vas al oculista.

   Recomiendo _____

2. Pago la factura.

   Me piden _____

3. Saltan al agua desde el trampolín.

   Dudamos _____

4. Marcelino se quitó los zapatos.

   No me gustó _____

5. El periodista entrevistó al Sr. Guzmán.

   Esperaban _____

6. El técnico del estudio grabó la entrevista.

   Aprobaron _____

7. La noticia produjo alarma.

   Sentí _____

35

(CM) **A.B.II.** Ponga las oraciones en forma negativa haciendo los cambios necesarios según el modelo.

MODELO: **Creo que estás** equivocado.
No creo que estés equivocado.

1. Es cierto que el país tiene muchas industrias.

_____

2. Es verdad que planean muchas reformas.

_____

3. Noto que hay muchas leyes nuevas.

_____

4. Es seguro que encontraremos un buen empleo.

_____

A.B.III. Complete las oraciones haciendo los cambios necesarios según el modelo.

MODELO: Tenía un libro que hablaba de los incas.
No tenía ningún libro **que hablara de los incas.**

1. Conocí a alguien que sabía de antropología.

No conocía a nadie _____

2. Había algunos datos que me interesaban.

No había ningún dato _____

3. Encontré a alguien que vendía objetos de arte precolombino.

No encontré a nadie _____

_____

4. Había algo en el museo que me fascinó.

No había nada en el museo _____

A.B.IV. Transforme las oraciones refiriéndolas al pasado y al futuro según el modelo.

    MODELO: Trabajo cuando quiero.
           a) **Trabajaba** cuando **quería**.
           b) **Trabajaré** cuando **quiera**.

  1. Alfonso pide el periódico tan pronto como llega.

    a) _____

    b) _____

  2. Salen a caminar después de que acaban de comer.

    a) _____

    b) _____

  3. Vamos al campo cuando podemos.

    a) _____

    b) _____

  4. Ellos avisan cuando están listos.

    a) _____

    b) _____

A.B.V. Complete las oraciones según el modelo usando el verbo de la frase en paréntesis en el presente o el imperfecto de subjuntivo.

    MODELO: (yo poder hacer)
           No había nada que **yo pudiera hacer**.

  1. (gustarle a Felipe)

    No hay nada en la tienda _____

  2. (conducir el carro)

    No había nadie _____

3. (invitar a salir)

Esperaba que alguien me _____

4. (venir a la casa)

Necesito un médico _____

5. (ser honesto)

Llamaré a cualquier mecánico _____

A.B.VI. Complete las oraciones traduciendo al español las frases en inglés.

1. (*as soon as we arrive*)

Te lo diré _____

2. (*that she leaves the class at once*)

Le he pedido a Amalia _____

3. (*that she wakes up early*)

Dudo _____

4. (*in order that you* (Ud.) *could study*)

Ellos se fueron _____

5. (*that they have read the cable*)

No creo _____

A.B.VII. Traduzca al español.

1. *I told you* (tú) *to open the door.*

_____

2. *They left before it began to rain.*

_____

3. *There is no one who knows the answer.*

_____

4. *Srta. Pereira, I beg you to excuse me.*

_____

5. *It is necessary that I buy new curtains.*

_____

CLÁUSULAS CON "SI"

C.I. Complete las oraciones con el tiempo correcto del indicativo o del subjuntivo del verbo indicado.

    MODELO: venir
        a) Si él **viene,** me avisará.
        b) Si él **viniera,** me avisaría.
        c) Si él **hubiera venido,** me habría avisado.
        d) Si él **vino,** no me avisó.

  1. hacer

    a) Si _____ buen tiempo, saldremos en el bote.

    b) Si _____ buen tiempo, saldríamos en el bote.

    c) Si _____ buen tiempo, habríamos salido en el bote.

  2. terminar

    a) Iré si _____ el trabajo.

    b) Iría si _____ el trabajo.

    c) Habría ido si _____ el trabajo.

  3. pedir

    a) Si ella le _____ un favor, no se lo hará.

    b) Si ella le _____ un favor, no se lo haría.

c) Si ella le _____ un favor, no se lo habría hecho.

d) Si ella le _____ un favor, no se lo hizo.

4. buscar

   a) Si él _____ trabajo, lo encontrará.

   b) Si él _____ trabajo, lo encontraría.

   c) Si él _____ trabajo, lo habría encontrado.

   d) Si él _____ trabajo, no lo encontró.

IMPERATIVO

D.I. Dé las formas afirmativas y negativas del imperativo en las personas **tú, Ud.** y **nosotros.**

MODELO:	tú	Ud.	nosotros
comprar	compra no compres	compre no compre	compremos no compremos
1. sentarse			
2. ir			
3. abrir			
4. cantar			
5. hacer			

40

(CM) **D.II.** Cambie las órdenes del afirmativo al negativo o del negativo al afirmativo.

   MODELOS: Démela. **No me la dé.**
   No lo digas. **Dilo.**

   1. Despiértense. _____

   2. Oye. _____

   3. Salgamos. _____

   4. Miren. _____

   5. Ponte. _____

   6. No entre. _____

   7. No me lo traigas. _____

   8. No vayas. _____

D.III. Complete las oraciones según el modelo.

   MODELO: Petra dice que Ud. cante. Ella dice: **cante.**

   1. Eusebio pide que tú no salgas. Él dice: _____.

   2. Yo quiero que Uds. escriban. Les digo: _____ .

   3. Teodoro quiere que Uds. se porten bien. Él dice: _____ bien.

   4. Victoria desea que te pongas los zapatos. Ella dice: _____ .

   5. Ellos quieren que Ud. se dé prisa. Ellos dicen: _____ prisa.

EJERCICIOS DE PRONUNCIACIÓN

(CM) 1. Repita las palabras prestando atención a los sonidos **i, o, uo**.

i	o	uo
ideal	dolor	monstruo
idealismo	dólar	cuota
ídolo	poder	arduo
isla	tomo	continuo
identificación	monólogo	continúo
itinerario	motor	buho

(CM) 2. Repita las frases.

1. Para vivir hay que tener ideales.
2. El dólar es la moneda de los Estados Unidos.
3. Inés tiene dolor de estómago.
4. Su conversación es un monólogo continuo.
5. El hombre apareció vestido de monstruo.

DICTADO

Escuche con atención las oraciones que se repetirán dos veces. La primera vez se leerá toda la oración para comprensión. La segunda vez se leerá la oración despacio para que la tome al dictado.

1. _____

   _____

2. _____

   _____

3. _____

   _____

4. _____

   _____

5. _____

Capítulo 5

ARTÍCULO DEFINIDO. ARTÍCULO INDEFINIDO. SUSTANTIVOS.

ARTÍCULO DEFINIDO

A.I. Complete las oraciones con el artículo definido **el, la, los, las,** o el neutro **lo,** si es necesario.

1. _____ ruinas mayas de Palenque están en _____ México.

2. _____ pulque era _____ bebida de _____ dioses.

3. Mi familia vivía en _____ Habana.

4. Hablo frecuentemente _____ español.

5. _____ barato sale caro.

6. _____ rey Felipe _____ II era hijo de Carlos _____ V.

7. _____ agua del río está contaminada.

8. _____ Sr. Aguirre llamó al empleado y le dijo: " _____ Sr. Blanco, queda Ud. despedido".

A.II. Complete las oraciones traduciendo al español las palabras que están en inglés a la derecha.

1. _____ es un sentimiento noble.   *love*

2. La escuela está cerrada _____ .   *on Sundays*

3. _____ es una lengua romance.   *Spanish*

4. María habla _____ con sus hijos.   *Italian*

5. Aurora se lava _____ con un jabón especial.   *her face*

6. En algunos países _____   *women and men*

   tienen los mismos derechos.

43

ARTÍCULO INDEFINIDO

B.I. Complete las oraciones con el artículo indefinido **un, una** si es necesario.

1. Antonia es _____ enfermera estupenda.

2. Mi hermano es _____ carpintero.

3. Tenemos _____ mil cosas que hacer.

4. Gilberto es _____ canadiense.

5. El teléfono sonó _____ quince veces. (aproximadamente)

B.II. Complete las oraciones traduciendo al español las palabras que están en inglés a la derecha.

1. Traje _____ revistas de la biblioteca.   *other*

2. Eusebio tiene _____ planes.   *other*

3. Fuimos a ver _____ película.   *another*

4. Tenemos _____ problema.   *another*

5. Enviamos _____ cartas.   *a hundred*

6. ¿Quién dijo _____?   *such a thing*

7. ¡_____!   *what a woman*

SUSTANTIVOS

C.I. Complete las frases con el artículo definido **el, la, los, las** que corresponda.

1. _____ idiomas extranjeros

2. _____ crisis económicas

3. _____ almas en pena

4. _____ análisis detallado

5. _____ sistema de gobierno

6. _____ fuente de la juventud

7. _____ víctimas del huracán

8. _____ actrices en el teatro

9. _____ carne asada

10. _____ héroe de la independencia.

(CM) C.II. Cambie al femenino las siguientes expresiones.

1. el actor inglés _____

2. el caballo alazán _____

3. el yerno comprensivo _____

4. el artista dedicado _____

5. el héroe del pueblo _____

6. el poeta inspirado _____

7. el duque español _____

8. el padrastro bueno _____

9. el gallo peleador _____

10. el atleta fuerte _____

COMPOSICIÓN

Haga una oración explicando con sus propias palabras el sentido de cada proverbio.

MODELO: El silencio es oro.
   Quiere decir que vale mucho el estar callado.

1. Dijo la muerte al dinero: para nada te quiero.

   _____

   _____

2. Cuando está abierto el cajón, el más honrado es ladrón.

   _____

   _____

3. No hay mal que por bien no venga.

_____

_____

4. No dejes para mañana lo que puedas hacer hoy.

_____

_____

EJERCICIOS DE PRONUNCIACIÓN

(CM) **1.** Repita las palabras prestando atención a los sonidos **r** y **rr**.

r	rr	rr
pero	perro	rojo
hora	error	rosa
caro	horror	reloj
pared	carro	reímos
amarillo	narración	rápido
largo	ferrocarril	alrededor
tarde	corren	Israel
martes	derretir	Enrique

(CM) **2.** Repita las frases.

1. Nuestro carro costó muy caro.
2. Los perros corren alrededor del árbol.
3. Pintaron la pared de amarillo.
4. El martes por la tarde saldrán para Israel.
5. El reloj da la hora exacta.

COMPRENSIÓN ORAL

(CM) Escuche los chistes que se leerán a continuación y después marque la letra de la oracion que mejor defina cada chiste.

1. Memoria.

   a) No se necesitaba mucha memoria para recordar lo que le había dicho la novia.

   b) La novia era la que tenía gran memoria.

   c) La novia era muy habladora.

2. Infidelidad.

   a) El hombre es el que ha sido infiel.

   b) La mujer es la que ha sido infiel.

   c) El hombre es quien quiere divorciarse.

3. Cumplido.

   a) La actriz hizo la mejor película del año.

   b) La actriz recibió un premio cinematográfico.

   c) La actriz tuvo un niño que se llamó Oscar.

4. Evolución.

   a) Todavía usan trajes de baño de dos piezas.

   b) Actualmente usan trajes de baño especiales.

   c) Ahora no usan trajes de baño para bañarse.

Capítulo 6

PRONOMBRES: PERSONALES, COMPLEMENTO DIRECTO E INDIRECTO, REFLEXIVOS, CON PREPOSICIÓN. FRASES CON SE. GUSTAR Y OTROS VERBOS SIMILARES.

PRONOMBRES EN FUNCIÓN DE COMPLEMENTOS DIRECTOS E INDIRECTOS

(CM) B.I. Transforme las oraciones sustituyendo los complementos directos por pronombres.

MODELO: El boxeador ganó **la pelea.**
El boxeador **la** ganó.

1. El campeón recibió el premio.

   _____

2. El corredor cubano mereció una medalla.

   _____

3. Los periódicos han publicado el resultado de las Olimpiadas.

   _____

4. El público aplaudía a los atletas.

   _____

5. El Presidente felicitó a los ganadores.

   _____

49

B.II. Transforme las oraciones sustituyendo los complementos indirectos que están en cursiva por pronombres.

MODELO: La compañía presenta un nuevo producto *a los vendedores.*
La compañía **les** presenta un nuevo producto.

1. El cajero entrega los billetes *al gerente del banco.*

   _____

2. El Sr. García enseña la mercancía *a los clientes.*

   _____

3. El jefe de ventas envió el informe *a las distintas sucursales.*

   _____

4. Mandamos la factura *al comprador.*

   _____

B.III. Transforme las oraciones sustituyendo las palabras en cursiva por las que están en paréntesis. Haga los cambios que sean necesarios.

MODELO: El profesor **les** habla *a ellos.* (a mí y a ti)
El profesor **nos** habla **a mí y a ti**

1. El rector me llamó *a mí.* (a ti)

   _____

2. Luis le ha enviado la solicitud *al decano.* (a los decanos)

   _____

3. La mecanógrafa le manda los diplomas *a los alumnos.* (a nosotros)

   _____

4. Le dieron la beca *al estudiante venezolano.* (a mí y a Marcos)

   _____

B.IV. Transforme las oraciones sustituyendo los complementos directos por pronombres.

    MODELO: El profesor nos repitió **la pregunta**.
              El profesor nos **la** repitió.

    1. Juanito me ha hecho el cuento.

    _____

    2. Te presentaron al joven.

    _____

    3. El capitán les dio las órdenes.

    _____

    4. Ellos le pagan la renta.

    _____

    5. Les damos las gracias.

    _____

    6. Van a enviarme un regalo.

    _____

    7. Están haciéndome el paquete.

    _____

    8. No le dé los programas.

    _____

B.V. Escriba las oraciones colocando los pronombres que están entre paréntesis donde corresponda.

    MODELO: (me lo) Va a mandar. Va a mandár**melo**.

    1. (te los) Está escribiendo. _____

    2. (lo) Prefiero decirle. _____

3. (las) No abra. _____

4. (lo) Repitan. _____

5. (los) No le enseñe. _____

6. (nos lo) Diga. _____

REFLEXIVOS

C.I. Complete las oraciones con el reflexivo correspondiente y el presente de indicativo de los verbos en paréntesis.

MODELO: (levantarse) Felipe **se levanta** a las siete.

1. (despertarse) (Yo) _____ a las siete y media.

2. (desayunarse) (Nosotros) _____ con café y tostadas.

3. (peinarse) María Elena _____ al llegar a la oficina.

4. (despedirse) Ellos _____ del Sr. Blanco.

5. (quitarse) (Tú) _____ el abrigo y los guantes.

(CM) **C.II.** Dé el mandato afirmativo y negativo usando el verbo en la persona indicada.

MODELO: vestirse (tú)   **Vístete.**   **No te vistas.**

1. sentarse (Uds.)   _____   _____

2. lavarse (Ud.)   _____   _____

3. ponerse (nosotros)   _____   _____

4. irse (nosotros)   _____   _____

5. levantarse (tú)   _____   _____

C.III. Traduzca al español.

1. *Let's get dressed.* _____

2. *Let's sit down.* _____

3. *Let's go to bed.* _____

4. *Let's get up.* _____

5. *Let's go.* _____

C.IV. Haga oraciones originales usando las siguientes expresiones.

1. acordarse de

_____

2. negarse a

_____

3. reírse a más no poder

_____

4. llevarse muy mal

_____

5. olvidarse de todo

_____

6. irse sin despedirse

_____

PRONOMBRES USADOS DESPUÉS DE PREPOSICIÓN

D.I. Complete las oraciones con el pronombre adecuado.

MODELO: Antonio me invitó a salir. Antonio quiere salir **conmigo**.

1. Te doy el libro. El libro es para _____ .

2. Ellos quieren acompañarnos. Ellos quieren ir con _____ .

3. Julián es muy egoísta. Julián sólo piensa en _____ mismo.

4. Siempre estamos de acuerdo. Entre Ud. y _____ no hay discrepancias.

5. Alfredo no me olvida. Alfredo piensa en _____ .

D.II. Complete las oraciones traduciendo al español las palabras que están en inglés a la derecha.

1. Esta cama es _____ *for us*

2. Ellos viven _____ *near me*

3. Creo que iré _____ *with you (fam.)*

4. No quiero salir _____ *with her*

5. Alicia habló _____ *with him*

FRASES CON SE

CM) **E.I.** Cambie las oraciones a una construcción con **se** para expresar casualidad.

MODELO: Rompí el vaso. **Se me rompió** el vaso.

1. Olvidé el apunte. _____

2. Zafaste la blusa. _____

3. Arruinamos la afombra. _____

4. Quemé los frijoles. _____

5. Perdimos el gato. _____

E.II. Complete las oraciones con los pronombres adecuados.

MODELO: (a mí) **Se me** olvidó apuntar la dirección.

1. (a ti) _____ _____ fue la idea que tenías.

2. Al pelotero _____ _____ rompió una pierna.

3. A Luisa _____ _____ perdió la billetera.

4. (a mí) _____ _____ escapó el canario.

5. Al árbol _____ _____ cayeron las hojas.

6. (a nosotros) _____ _____ fue el avión.

EL VERBO GUSTAR Y OTROS VERBOS SIMILARES

F.I. Complete las oraciones con el presente de indicativo del verbo en paréntesis y el pronombre adecuado.

MODELO: (alegrar) A Juanita **le alegra** oír a los mariachis.

1. (gustar) A Pedro _____ _____ las chicas de pelo negro.

2. (doler) A mí _____ _____ la espalda.

3. (faltar) A ti _____ _____ dos años para terminar los estudios.

4. (quedar) A ella _____ _____ $20.00 para terminar el mes.

5. (sorprender) A nosotros _____ _____ que ella no haya llegado.

6. (asustar) A mi hijo _____ _____ las noches oscuras.

7. (enojar) Al padre _____ _____ ver que su hijo no estudia.

8. (parecer) ¿Qué _____ _____ (a ti) ese programa de televisión?

F.II. Traduzca al español.

1. *Elvira likes to talk.*

_____

2. *We like this store.*

_____

3. *Did you (tú) like the food?*

_____

4. *Enrique likes her.*

_____

5. *She likes Enrique.*

_____

6. *This book interests the students.*

_____

7. *It seems to me that she is intelligent.*

_____

8. *They lack time to finish the exam.*

_____

EJERCICIOS DE PRONUNCIACIÓN

(CM) 1. Repita las palabras prestando atención a los sonidos **t** y **d**.

t	d	d
tú	deporte	madre
tango	deuda	pared
tomo	andar	verdad
Tomás	donde	todavía
aptitud	aldea	dado
estudio	Matilde	ocupado

(CM) 2. Repita las frases.

1. Tú tocas el acordeón y Tomás baila el tango.
2. Matilde tiene aptitud para dibujar.

3. Cada día dedico tres horas a los deportes.

4. La pared está acabada de pintar.

5. Quevedo dijo: "poderoso caballero es don Dinero".

LECTURA

Lea la siguiente selección y conteste las preguntas que siguen.

Durante la época colonial en Hispanoamérica no era fácil para una mujer triunfar en el campo de las letras debido a la intransigencia y las restricciones impuestas por la Inquisición y los gobernantes. A pesar de todas estas circunstancias negativas, América produjo autores que llevaron su expresión creativa y su estilo propio más allá de los límites geográficos.

Entre estos autores con voz propia americana está Sor Juana Inés de la Cruz, poetisa brillante que defendió con gran fortaleza y convicción los derechos y la dignidad de la mujer en una época en que ésta estaba relegada sólo a los quehaceres domésticos. Sor Juana Inés nació en México en 1648, siendo su padre vasco y su madre mexicana, de padres andaluces. Desde muy niña mostró gran curiosidad intelectual y su precoz talento llamó pronto la atención de la corte virreinal por sus respuestas personales y brillantes a todos los que la interrogaban.

A pesar del brillo y fastuosidad de la corte, la joven poetisa sólo ansiaba la soledad de una celda de convento donde pudiera dedicarse a sus lecturas y a su poesía. Entró en el convento en 1667, abandonando la corte y el nombre de Inés de Asbaje y Ramírez y aceptando la vida ascética religiosa y el nombre conventual de Sor Juana Inés de la Cruz.

En su famosa carta "Respuesta de la poetisa a la muy ilustre Sor Filotea de la Cruz", Sor Juana Inés expresó su oposición a las injusticias de la época y criticó abiertamente el que no se le permitiera a la mujer ejercer la profesión de enseñar. En esta carta señalaba también la injusticia de los que ponían restricciones a los que escribían versos. Uno de sus bellos sonetos comienza así:

En perseguirme, Mundo, ¿qué interesas?
¿En qué te ofendo cuando sólo intento
poner belleza en mi entendimiento
y no mi entendimiento en las bellezas?

1. ¿Cuáles fueron las dificultades de la época colonial con que tropezó Sor Juana Inés de la Cruz?

_____

_____

_____

_____

2. ¿Cuál era el principal papel de la mujer en esa época?

_____

_____

3. ¿Qué impresión causó Sor Juana Inés en la corte virreinal?

_____

_____

_____

4. ¿Cuál era el nombre de Sor Juana Inés antes de entrar en el convento?

_____

5. ¿Qué ideas expresó Sor Juana Inés en su carta "Respuesta a Sor Filotea de la Cruz"?

_____

_____

_____

6. ¿A quién se dirige ella en los versos del soneto?

_____

_____

Capítulo 7

**RELATIVOS. ADJETIVOS Y PRONOMBRES POSESIVOS.
ADJETIVOS Y PRONOMBRES DEMOSTRATIVOS.
INTERROGATIVOS. AFIRMATIVOS Y NEGATIVOS.**

RELATIVOS

A.I. Complete las oraciones con el relativo apropiado: **que, quien, el que, lo que.**

1. El señor _____ conociste anoche es guitarrista.

2. La persona en _____ estoy pensando está muy lejos.

3. Juan está enfermo, _____ me tiene muy disgustada.

4. El hermano de Adela, _____ es piloto, es muy guapo.

5. Este es el libro del _____ te hablé.

A.II. Forme oraciones completas con los siguientes elementos y los relativos **que, quien** o **cuyo.**

   MODELO: médico/llamamos/no vino
             El médico que llamamos no vino.

1. coches/pasan/hacen mucho ruido

   _____

2. Ella es/ha traído/telegrama

   _____

3. trabajadora social/nombre no sé/tomó los datos

   _____

4. tren en/viajamos/es muy bueno

_____

5. casa/cuartos son pequeños/no me gusta

_____

A.III. Traduzca al español.

   1. *This is the girl with whom I study.*

   _____

   2. *John's sister, who is a nun, lives in this convent.*

   _____

   3. *The man whose car I bought lives in El Paso.*

   _____

   4. *The report (that) you* (Ud.) *wrote is very good.*

   _____

   5. *What I need is a million dollars.*

   _____

ADJETIVOS Y PRONOMBRES POSESIVOS

B.I. Cambie las oraciones según los modelos.

   MODELO: **Tenemos un gato que** es negro.   **El amigo de Elisa** estudia español.
             Nuestro gato es negro.   **Su amigo** estudia español.

   1. Tengo un amigo que es colombiano.

   _____

   2. Los tíos de ella están enfermos.

   _____

3. El canario de ellos canta muy lindo.

_____

4. Tienes un jardín que está lleno de flores.

_____

5. Tenemos unos naranjos que producen naranjas dulces.

_____

B.II. Complete las oraciones traduciendo las palabras que están en inglés a la derecha.

1. Quiero que me enseñes _____ traje nuevo. *your (fam.)*

2. Carlos tiene _____ coche siempre muy limpio. *his*

3. Isabel habla con _____ hermana. *her*

4. Mi sofá es amarillo; _____ es verde. *yours (formal)*

5. Ellos tienen _____ discusiones de vez en cuando. *their*

6. _____ viaje fue magnífico. *our*

7. No sé dónde están _____ anteojos. *my*

8. Esta pluma es _____ . *mine*

9. La casa de la playa es _____ . *ours*

10. _____ ideas son muy avanzadas. *her*

ADJETIVOS Y PRONOMBRES DEMOSTRATIVOS

C.I. Complete las oraciones escogiendo la palabra correcta.

1. Ponga la bolsa sobre _____ mesa. esta, ese, ésta

2. ¿Cuál prefiere, _____ o aquél? éste, estos, este

61

3. Ella siempre está peleando; _____ no es bueno.   estos, ese, esto

4. No me gusta _____ país.   éste, eso, este

5. _____ motocicleta no frena bien.   Esta, Esas, Aquélla

C.II. Complete las oraciones traduciendo las palabras que están en inglés a la derecha.

1. Ese libro es bueno, pero _____ es mejor.   *this one*

2. Carmen y Susana trabajan conmigo; _____ de   *the latter; the former*

   mecanógrafa y _____ de traductora.

3. _____ es increíble.   *that*

4. Aquéllos son tulipanes; _____ son claveles.   *these*

5. _____ zapatos son incómodos; _____   *these; those*

   que tienes tú son cómodos.

INTERROGATIVOS

D.I. Complete las oraciones usando **qué**, **cuál**, **quién** o **cuánto**.

1. ¿ _____ años hay en un siglo?

2. ¿ _____ es la capital de Puerto Rico?

3. ¿ _____ es Eusebio? Eusebio es electricista.

4. ¿ _____ es la diferencia entre los dos hornos.

5. ¿De _____ es el reloj? Es de oro.

6. ¿De _____ habla Antonio? Habla de su novia Raquel.

7. ¿ _____ fue la causa de la huelga?

8. ¿ _____ cuesta ese refrigerador?

9. ¿ _____ tal te sientes? Me siento bien.

10. ¿A _____ vas a invitar? A Pepe y a Paco.

D.II. Traduzca al español.

1. *What did you* (Ud.) *say?*

   _____

2. *Which dress do you* (Ud.) *want?*

   _____

3. *What is the distance between Guadalajara and México?*

   _____

4. *Which one did you* (Ud.) *buy?*

   _____

5. *Which ones do you* (Ud.) *prefer?*

   _____

6. *Whose pen is this?*

   _____

AFIRMATIVOS Y NEGATIVOS

E.I. Complete las oraciones usando **alguno** o **ninguno**.

1. _____ día pasaré por tu casa.

2. ¿Compró Ud. _____ zapatos en esta tienda?

3. Nos conformaremos con _____ cosa.

4. Él no tiene _____ cuadro en su cuarto.

5. No queda _____ leche para el desayuno.

E.II. Traduzca al español.

1. *She did not invite anyone.*

   _____

2. *None of the boys could do it.*

   _____

3. *I don't know anything about astrology.*

   _____

4. *More than ever I need to work.*

   _____

5. *Some friends came to see me.*

   _____

EJERCICIOS DE PRONUNCIACIÓN

(CM) 1. Repita las palabras prestando atención a los sonidos **ch**, **ñ**, **ción** y **oso**.

ch	ñ	ción	oso
chaval	señorita	nación	montañoso
chimenea	señora	emoción	vigoroso
charlar	enseñar	lección	famoso
chiflado	muñeca	acción	escandaloso
chocolate	doña	porción	celoso
machete	montaña	importación	perezoso

(CM) **2.** Repita las frases.

      1. Ese chaval está un poco chiflado.

      2. La señorita pidió un chocolate con churros.

      3. Suiza es un país montañoso.

      4. El muchacho es bastante perezoso.

      5. Hubo una revolución en la nación.

DICTADO

(CM) Escuche con atención las oraciones que se repetirán dos veces. La primera vez se leerá toda la oración para comprensión. La segunda vez se leerá la oración despacio para que la tome al dictado.

    1. _____

       _____

       _____

    2. _____

       _____

    3. _____

       _____

    4. _____

       _____

    5. _____

       _____

Capítulo 8

EL ADJETIVO. COMPARATIVOS. SUPERLATIVOS. EL ADVERBIO.

EL ADJETIVO

(CM) A.I. Transforme las oraciones según el modelo.

MODELO: El hombre **tiene valor.**
El hombre **es valeroso.**

1. Ella tiene pereza. _____

2. Ud. tiene envidia. _____

3. Tú tienes lealtad. _____

4. Tú y yo tenemos paciencia. _____

5. Ellos tienen miedo. _____

A.II. Construya oraciones colocando el adjetivo en paréntesis en el lugar más adecuado. Ponga los verbos en pretérito o presente según sea necesario.

MODELO: Ayer/la clase terminar/la lección (tercera)
Ayer la clase **terminó la tercera lección.**

1. Durante el viaje/yo sacar/fotografías. (cien)

_____

2. Esos chicos/no tener/talento. (ningún)

_____

3. Ella/acabar de recibir/dinero. (algún)

_____

4. Cervantes/ser/un escritor. (gran)

_____

A.III. Complete las oraciones traduciendo al español las frases que están en inglés a la derecha.

1. Llegaron al hotel _____ huéspedes.   *one hundred*

2. Este edificio fue hecho por el mismo _____   *Mexican architect*

   _____ que hizo la Cámara de comercio.

3. El _____ viaje lo hicimos en avión.   *first*

4. Simón Bolívar fue _____.   *a great man*

5. _____ día visitaré Caracas.   *some*

6. Es la _____ vez que te llamo.   *third*

7. _____ pasajeros se marearon al cruzar los Andes.   *some*

8. _____ se fueron para siempre.   *the happy days*

9. ¡ _____, perdió el trabajo!   *poor man*

10. _____ le dio todo lo que tenía.   *the good man*

11. Me gusta más el _____ que el vino tinto.   *white wine*

12. El rascacielos parecía tocar _____.   *the wide sky*

COMPARATIVOS

CM) **B.I.** Cambie las oraciones para expresar lo contrario.

MODELO: Ayer hablaste **mejor** que nunca.   Ayer hablaste **peor** que nunca.

1. Aurelio es mayor que su hermano.

   _____

2. Ella fue la última en llegar.

   _____

3. Este hotel es mejor que el otro.

   _____

68

4. Consuelo es una buena maestra.

   _____

5. Mis padres están muy bien.

   _____

B.II. Complete las oraciones traduciendo al español las frases que están en inglés a la derecha.

1. El mar está _____ el cielo.   *as blue as*

2. La calle en que vivo es _____   *less wide than*

   la Avenida Real.

3. Estela no habla _____ un idioma.   *more than*

4. Carlota es _____ su novio.   *younger than*

5. Esta carretera es _____ la otra.   *better than*

6. Alicia es _____ su marido.   *older than*

7. Leemos en la clase _____ escribimos.   *as much as*

8. La familia de Patiño es _____ que la de   *richer than*

   Gómez Mena.

9. En Quito hacía _____ en Lima.   *as much humidity as*

10. Esta ciudad tiene _____   *as many inhabitants as*

    Los Ángeles.

COMPARATIVOS Y SUPERLATIVOS

B.C.I. Complete las oraciones traduciendo las frases en inglés para formar el comparativo o el superlativo.

1. La Paz es _____ capital _____   *highest*

   mundo.

2. En México hay _____ novelistas importantes   *as many as*

   _____ en la Argentina.

3. Bogotá es _____ ciudad _____   *largest*

   de Colombia.

4. Cuba exporta _____ tabaco _____   *less than*

   azúcar.

5. El Aconcagua es _____ alto _____   *higher than*

   el Orizaba.

6. En Acapulco se ven _____ turistas _____   *as many as*

   en Mar de Plata.

7. José Clemente Orozco tiene _____ fama   *as much as*

   _____ Diego Rivera.

8. En México Benito Juárez es _____ respetado   *as . . . as*

   _____ Miguel Hidalgo.

9. La música de Carlos Chávez vale _____   *as much as*

   la de Villalobos.

10. El café de Colombia es _____ el de   *better than*

    Santo Domingo.

SUPERLATIVOS

C.I. Complete las oraciones con uno o más superlativos terminados en **ísimo.**

MODELO: compré un traje **lindísimo y carísimo.**

1. Te quiero _____

2. Mi amiga es _____

3. Date prisa, es _____

4. Los zapatos me quedan _____

5. La catedral es _____

ADVERBIOS

D.I. Complete las oraciones traduciendo al español las palabras que están en inglés a la derecha.

1. Juan trabaja _____ .   *well*

2. Ellos hicieron un _____ trabajo.   *good*

3. Julia y Alejandro están _____ .   *well*

4. Los chicos son _____ .   *good*

5. _____ salimos a caballo.   *once in a while*

6. Hablamos _____ el español.   *fluently*

7. Anoche tocaste la guitarra _____ .   *better than ever*

8. Pedro salió _____ .   *rapidly*

71

EJERCICIOS DE PRONUNCIACIÓN

(CM) 1. Repita las palabras prestando atención a los sonidos de las letras **c, q, z, s, x.**

c	c	q	z	s	x
cenicero	cansancio	quedar	zebra	sitio	explicar
ejercicio	flaca	pequeño	zona	serpiente	extenso
almorcé	blanco	busqué	zapato	paseo	pretexto
sociedad	color	líquido	zafarrancho	masa	existencia
sencillo	casual	quizá	forzar	sensual	examen

(CM) 2. Repita las frases.

1. Echamos la ceniza en el cenicero.

2. Se armó un gran zafarrancho en la calle.

3. Me quito los zapatos cuando hace calor.

4. La zebra tiene rayas blancas y negras.

5. Siempre tiene un pretexto para no trabajar.

COMPRENSIÓN ORAL

(CM) Escuche los párrafos que se leerán a continuación y después indique si las oraciones son verdaderas (**V**) o falsas (**F**).

A. 1. _____ Ambrosio fue solo a la tienda.

2. _____ Ambrosio necesitaba comprar un regalo.

3. _____ La vendedora era muy atractiva.

4. _____ Ambrosio compró perfumes para su novia.

B. 1. _____ Luisa y Berta quieren comprar vestidos.

2. _____ La tienda adónde van vende zapatos y carteras.

3. _____ Berta quiere unos zapatos para ir a la universidad.

4. _____ La cartera y los zapatos cuestan muy poco.

C. 1. _____ Roberto se caracteriza por su buen gusto.

2. _____ Toda su ropa es barata y fea.

3. _____ Roberto sólo usa camisas de mangas cortas.

4. _____ Siempre usa sandalias y no se pone calcetines.

D. 1. _____ Las mujeres aceptan los cambios de la moda.

2. _____ Los diseñadores prefieren las faldas acampanadas.

3. _____ La prenda número uno es la minifalda.

4. _____ Creen que todo lo nuevo es más atractivo.

Capítulo 9

**PREPOSICIONES. USOS DE POR Y PARA. USOS DE PERO Y SINO.
VERBOS QUE SE USAN CON LA PREPOSICIÓN A SEGUIDA DE
INFINITIVO. VERBOS QUE LLEVAN PREPOSICIONES. FRASES QUE
DENOTAN OBLIGACIÓN: HABER DE + INFINITIVO, HAY QUE +
INFINITIVO, TENER QUE + INFINITIVO. PREFIJOS DES–, IN–, RE–.**

PREPOSICIONES

A.I. Complete las oraciones traduciendo al español las frases que están en inglés a la derecha.

1. (*My grandfather's house*)

_____ fue construida hace más de medio siglo.

2. (*adobe walls*) (*red tile roof*)

Tiene las _____ y el _____

_____.

3. (*to the hacienda*) (*from June to August*)

Todos los veranos íbamos _____ donde estaba la casa y generalmente,

nos quedábamos allí _____.

4. (*at the entrance*) (*at the house*)

Cuando llegábamos _____ de la hacienda sabíamos que los abuelos

estaban _____ esperándonos.

5. (*In front of*) (*against*)

_____ la casa había un camino de palmas y flamboyanes que contrasta-

ban _____ el azul del cielo.

6. (*from*)

El río se veía _____ el portal y en él solíamos nadar diariamente.

USOS DE POR Y PARA

(CM) **B.I.** Usando **para** y las palabras en paréntesis conteste las preguntas según el modelo.

   MODELO: ¿Qué estudias? (médico)
   Estudio para médico.

   1. ¿Cuándo quieres el traje? (mañana)

   _____

   2. ¿A qué fuiste al garaje? (llenar el tanque de gasolina)

   _____

   3. ¿A qué fuiste al correo? (comprar sellos)

   _____

   4. ¿Adónde iban cuando los viste? (universidad)

   _____

   5. ¿Qué piensas estudiar? (trabajadora social)

   _____

(CM) **B.II.** Usando **por** y las palabras en paréntesis conteste las preguntas según el modelo.

   MODELO: ¿Por qué está brava tu novia? (haberme ido de parranda)
   Mi novia está brava por haberme ido de parranda.

   1. ¿Por qué se quemó el arroz? (no tener bastante agua)

   _____

   2. ¿Por cuánto te vendió la moto? (muy poco dinero)

   _____

76

3. ¿Por dónde pasará el desfile? (la calle principal)

   _____

4. ¿Por dónde pasearon Uds.? (el parque)

   _____

5. ¿Cómo fue que no asististe a la reunión? (no tener tiempo)

   _____

B.III. Complete las oraciones con la preposición **por** o **para**.

1. Mi hermana está _____ llamar _____ avisarnos la hora de su llegada.

2. ¡ _____ Dios, ten cuidado!

3. El hotel está _____ construirse, pero _____ poder hacerlo necesitan un

   préstamo mayor y no quieren pagar más del siete _____ ciento de interés.

4. Los muchachos salieron _____ la puerta del fondo.

5. El Quijote fue escrito _____ Cervantes.

6. Vamos a ir _____ la carretera nueva _____ conocerla.

7. _____ todas las razones que ya sabes, no debes casarte con él.

8. Faltan veinte minutos _____ las diez.

B.IV. Traduzca al español las palabras que están en inglés y complete las oraciones con **por** o **para**.

1. Salió de la ciudad _____ tres años.   *for*

2. Pagué muy buen precio _____ la chaqueta.   *for*

3. _____ me gusta caminar.   *in the morning*

4. El libro es _____ Pedro.   *for*

5. Voté _____ el candidato demócrata.   *for*

6. Todos los días paseamos _____ el bosque.   *through*

7. Estudio _____ aprender.   *in order to*

8. La planta se secó _____ falta de agua.   *due to*

9. Me resfrié _____ no llevar abrigo.   *because of*

10. Nos avisó _____ cable.   *by*

USOS DE PERO Y SINO

C.I. Complete las oraciones con **pero, sino** o **sino que**.

1. Perdí el dinero _____ encontré un verdadero amigo.

2. No tengo catarro _____ tengo gripe.

3. No voy a salir con Fausto _____ con Rafael.

4. Traje las fotografías _____ nadie quiso mirarlas.

5. No quieren jugar al dominó _____ quieren ir a nadar.

VERBOS QUE SE USAN CON LA PREPOSICIÓN A SEGUIDA DE INFINITIVO

D.I. Complete las oraciones con la preposición **a** si es necesario.

1. Al ver los toros los chicos se echaron _____ correr.

2. Pensamos _____ ir a casa de Graciela.

3. El avión va _____ salir dentro de media hora.

4. Se pusieron _____ trabajar con gran afán.

5. Queremos _____ visitar el museo de arte moderno.

6. El Sr. Benítez le ayudará _____ buscar trabajo.

7. Los nuevos inquilinos vendrán _____ firmar el contrato.

8. Ellos prefirieron _____ regresar caminando.

VERBOS QUE LLEVAN PREPOSICIONES

E.I. Complete las oraciones traduciendo al español las frases en inglés.

1. _____ un viaje a Río   *I dream about*

   de Janeiro.

2. _____ todos los días.   *We think of you* (tú)

3. _____ por   *They looked for the dog*

   todo el barrio, pero no lo encontraron.

4. _____ la familia.   *She asked him about*

5. Ellos _____   *listen to the news*

   en español que trasmite el canal treinta y cuatro desde Los Ángeles.

EJERCICIOS DE PRONUNCIACIÓN

CM) 1. Repita las palabras prestando atención a los sonidos de las letras **g, j, b, v.**

g	j	b	v
general	Jalisco	bebo	vino
gitano	jefe	abrazar	verde
guerra	jirafa	beso	viven
guitarra	ejército	Roberto	avenida
gigante	ejemplo	Isabel	envenenar
goloso	juventud	emborracharse	envidia
gusto	joyas	embrollo	enviaba

CM) 2. Repita las oraciones.

1. El gitano tocaba la guitarra con gusto.

2. Bebieron vino hasta emborracharse.

3. El éjercito peleó en la guerra.

4. Guadalajara es la capital del estado de Jalisco.

5. Roberto abrazó y besó a Isabel.

LECTURA

Lea la siguiente selección y conteste las preguntas que siguen.

La música en Hispanoamérica tiene sus raíces en tres continentes distintos: América, Europa y África. La combinación de lo indio, lo español y lo africano ha dado por resultado una riqueza extraordinaria de ritmos y melodías que varían de país a país. En ciertos lugares predomina lo indio y en las regiones andinas todavía hoy se toca la "quena" incaica que usaban los incas. En otras regiones lo español domina el panorama musical y muchas canciones y bailes populares pueden identificarse con la música tradicional de la vieja patria. En las regiones del Caribe la gran influencia africana, traída a América por los esclavos negros, ha contribuido al enriquecimiento del folklore musical. Entre los muchos bailes y canciones populares, se pueden citar el bambuco y el pasillo colombianos; el pericón que es el baile nacional de la Argentina y el Uruguay; le cueca chilena; el corrido y el huapango de México; el zapateo, el son y la rumba cubanos, y la danza y la plena de Puerto Rico. Esta gran variedad de bailes y canciones no sólo son manifestaciones folklóricas de mucha importancia, sino que han influido poderosamente en algunos aspectos de la música culta de Hispanoamérica.

1. ¿Por qué se dice que la música de Hispanoamérica tiene sus raíces en tres continentes?

_____

_____

2. ¿Cuál de los tres elementos que se combinan en la música es el más fuerte?

_____

_____

3. ¿Qué instrumento que usaban los indios se usa todavía hoy en día?

_____

4. ¿En qué parte es más fuerte la influencia negra?

_____

_____

5. ¿Existen elementos folklóricos en la música culta hispanoamericana?

Capítulo 10

CONSTRUCCIONES PASIVAS. USOS DEL INFINITIVO. USOS DEL GERUNDIO. VERBOS IMPERSONALES. VERBOS QUE EXPRESAN IDEA DE CAMBIO. FRASES CON HACER. FRASES CON TENER. VERBOS QUE SE PRESTAN A CONFUSIÓN.

CONSTRUCCIONES PASIVAS.

(CM) A.I. Cambie las oraciones a la voz pasiva.

> MODELO: **Se cometió** un crimen en la ciudad.
> Un crimen **fue cometido** en la ciudad.

1. Se publicó el crimen en todos los periódicos.

   _____

2. Se detuvo al asesino poco tiempo después.

   _____

3. Se sentenció al criminal a cadena perpetua.

   _____

4. Se comentó el horrendo suceso en todas partes.

   _____

(CM) A.II. Cambie las oraciones a la construcción pasiva con **se**.

> MODELO: La mercancía **será** exportada.
> **Se exportará** la mercancía.

1. Nuevas oportunidades serán ofrecidas.

   _____

2. Los impuestos serán aumentados.

_____

3. La ley fue firmada.

_____

4. La salida del tren fue anunciada.

_____

A.III. Complete las oraciones traduciendo al español las palabras que están en inglés a la derecha.

1. Las murallas de Ávila _____   *were built by*

   los romanos.

2. El palacio de la Alhambra _____   *was made by*

   los moros.

3. Los cuadros _____   *are painted by*

   Salvador Dalí.

4. La zarzuela _____ un   *will be sung by*

   buen cantante.

USOS DEL INFINITIVO

(CM) B.I. Cambie las oraciones sustituyendo los infinitivos según el modelo.

> **MODELO:** Lo llamaré para **felicitarlo.** (saludarlo)
> Lo llamaré para **saludarlo.**

1. Nos divertimos sin gastar dinero. (tener)

_____

82

2. Los vimos antes de cenar. (embarcarse)

_____

3. Se quitó los zapatos al llegar. (sentarse)

_____

4. Se sintió mal al levantarse. (saltar)

_____

B.II. Complete las oraciones traduciendo al español las palabras que están en inglés a la derecha.

1. La raqueta es _____ al tenis. *for playing*

2. _____ iré al cine. *after studying*

3. _____ las cuentas iré al banco a *before paying*

depositar el cheque.

4. Ellos se fueron _____. *without saying good-bye*

5. _____ a casa noté que no tenía *upon arriving*

las llaves.

USOS DEL GERUNDIO

C.I. Combine los elementos dados para formar una oración completa usando el verbo en progresivo.

MODELO: Estela/preparar/el almuerzo
Estela **está preparando** el almuerzo.

1. La familia/comer/en la terraza

_____

2. La companía/distribuir/un nuevo producto

_____

3. Ellos/charlar/de política

_____

4. Esperanza/cantar/y bailar/en el cabaret

_____

5. llover/a cántaros

_____

VERBOS IMPERSONALES

D.I. Complete las oraciones con la forma correcta de los verbos a la derecha.

1. ¿A qué hora _____ en el verano?   amanecer

2. Ayer _____ toda la mañana.   diluviar

3. Es posible que _____ esta noche.   nevar

4. Estuvo _____ y _____   tronar; relampaguear

   toda la tarde.

5. ¡Qué manera de _____!   llover

6. No creo que _____ en todo el día.   escampar

7. Cuando salimos de las montañas empezó a _____.   granizar

8. _____ que vamos a tener un ciclón.   parecer

9. _____ que lleven la sombrilla porque va a llover.   convenir

10. Llegamos a Cholula al _____.   amanecer

D.II. Traduzca al español.

1. *It doesn't rain a lot in Los Angeles.*

   _____

2. *It snowed all night.*

   _____

3. *Is it raining?*

   _____

4. *It is very cloudy.*

   _____

5. *It is a beautiful day.*

   _____

VERBOS QUE EXPRESAN IDEA DE CAMBIO

E.I. Complete las oraciones usando el pretérito de los verbos **ponerse, volverse** o **quedarse**, de acuerdo con el sentido.

1. Rosita _____ roja cuando vio a su ex-novio.

2. (nosotros) _____ tristes al irnos del pueblo.

3. La pobre mujer _____ loca cuando se murió su hijo.

4. Isabel _____ muy delgada después de la operación que le hicieron.

5. Ella _____ muy contenta cuando le dieron la buena noticia.

6. Filiberto había sido siempre muy pacífico, pero de la noche a la mañana _____

   una fiera.

7. (Yo) _____ sin poder hablar cuando me dijeron que me había llevado el premio.

8. Ud. _____ gordo con las vitaminas que le mandó el médico.

FRASES CON HACER

(CM) F.I. Cambie las oraciones según el modelo.

> MODELO: **Hace** mucho tiempo que no **salgo** de viaje.
> **Hacía** mucho tiempo que no **salía** de viaje.

1. Hace dos años que no vamos a España.

   _____

2. Hace tres horas que estamos volando sobre el Atlántico.

   _____

3. Hace dos días que asistimos a la Universidad de Madrid.

   _____

4. Hace seis meses que estudiamos español.

   _____

F.II. Complete las respuestas traduciendo las palabras en inglés.

> MODELO: ¿Cuánto tiempo hace que vive en La Paz? *I have been living in La Paz for two years.*
> **Hace dos años que vivo en La Paz.**

1. ¿Cuánto tiempo hace que está aquí? *I have been here for one hour.*

   _____

2. ¿Cuánto tiempo hace que habló con Pablo? *I spoke with Pablo two months ago.*

   _____

86

3. ¿Cuánto tiempo hacía que Uds. se conocían cuando se casaron? *We had known each other for three*

   months. _____

   _____ cuando nos casamos.

4. ¿Cuánto tiempo hace que se casaron? *A year ago*

   _____

F.III. Complete las oraciones usando expresiones con **hacer** para traducir al español las frases en inglés a la derecha.

1. Los alumnos _____ en la clase.   *ask questions*

2. _____ al tirarme del trampolín.   *hurt myself*

3. El perrito _____ las zapatillas.   *tore into pieces*

4. El artista _____ de un pícaro.   *played the role*

5. El vuelo de Miami a Buenos Aires _____   *made a stop*

   en Río de Janeiro.

FRASES CON TENER

G.I. Traduzca al español.

1. *The boy is very sleepy.*

   _____

2. *He is always right.*

   _____

3. *They are to blame for the accident.*

   _____

4. *She is always afraid to drive on the freeway at night.*

_____

5. *I'm not hungry but I'm very thirsty.*

_____

6. *Be careful when you* (Ud.) *go swimming at the beach. Keep in mind that there are many sharks in*

   that area. _____

_____

VERBOS QUE SE PRESTAN A CONFUSIÓN

H.I. Haga una oracion original con cada una de las siguientes palabras.

rebelar	quedar	criar	parecer
llevar	traer	mover	realizar

1. _____

2. _____

3. _____

4. _____

5. _____

6. _____

7. _____

8. _____

EJERCICIOS DE PRONUNCIACIÓN

CM) **1.** Repita las palabras prestando atención a los sonidos de las letras l, ll, y.

l	ll	y
mal	llama	maya
mil	valle	Yucatán
especial	llanto	arroyo
hospital	lluvia	yerba
fatal	llano	yerno
señal	semilla	apoyo
cristalino	orilla	desayuno
piloto	amarillo	mayo

CM) **2.** Repita las frases.

1. En el hotel sirven un desayuno especial.

2. El agua del arroyo era fresca y cristalina.

3. La yerba estaba amarilla porque no llovía en el llano.

4. El mal no tiene remedio.

5. El piloto recibe la señal de aterrizaje.

RESPUESTAS

CAPÍTULO PRELIMINAR

B.I.
1. trabajo 2. comieron 3. Guadalajara 4. lápiz 5. fácil 6. Carmen 7. zona 8. ángel
9. llamas 10. fuego 11. Perú 12. Brasil 13. compositor 14. alemán 15. nación 16. amistad
17. lealtad 18. irlandés 19. actriz 20. café 21. leí 22. salió 23. tendré 24. haríamos
25. escribía 26. maíz 27. plátano 28. exámenes 29. jóvenes 30. México 31. iban 32. dijo

C.I.
1. ma ra vi llo so 2. pai sa no 3. a gua ca te 4. ins truc ción 5. en fren tar se
6. co rri do 7. a lla nar 8. ve í a 9. a ma rra rí a 10. in ne ce sa rio

D.E.I. Dictado
1. Durante los meses de octubre y noviembre cayeron lluvias torrenciales.
2. El mexicano Martín Luis Guzmán escribió *La sombra del caudillo* y *El águila y la serpiente*.
3. Los mayas tuvieron conocimientos astronómicos extensos.
4. Los picos de los Andes se veían cubiertos de nieve.
5. Don Clemente se había perdido en las tupidas selvas del río Amazonas.

F.I.
1. Rubén Darío fue un gran poeta nicaragüense. 2. Sus poemas son musicales. Los versos fluyen con soltura.
         s   v   c pr   s   v   c pr   s   v   c cir
3. Darío introdujo innovaciones en la poesía. 4. Él escribió un poema a Walt Whitman.
      s   v   c dir   c cir   s   v   c dir   c ind
5. Los poetas de su época trataron de imitar a Darío.
        s   v   c dir

F.II.
1. Los incas adoraban el sol. 2. Los incas hablaban la lengua quechua. 3. La llama, la alpaca y la vicuña eran animales de carga. 4. Francisco Pizarro llegó al norte del Perú en 1532.

CAPÍTULO I

B.I.
1. Me despierto al amanecer. 2. Venimos a cenar a las ocho. 3. Te despides del tío Aurelio. 4. Aurora vuelve a casa por la tarde. 5. Eulogio muestra la mercancía a los clientes.

B.II.
1. Dirijo la filmación. 2. Escojo buenos artistas. 3. Sigo el guión cinematográfico. 4. Venzo las dificultades.
5. Produzco la mejor película del año.

B.III.
1. dirige alienta 2. quieren merecen 3. se unen luchan creen 4. proponen piden 5. creen dice es

B.IV.

1. existen 2. es 3. hay oye 4. da encuentra parecen 5. huyen vienen 6. empiezan

B.V.

1. Vuelo volar 2. vale valer 3. Ellos ahorran ahorrar 4. Esta medicina salva salvar
5. merezco merecer 6. juegas jugar 7. repite repetir 8. oye oír

C.I.

1. Eulalia puso la comida en la mesa. 2. No pude hacer el trabajo. 3. Anduvimos por la calle. 4. Les di un susto. 5. Estuve con mucho catarro.

C.II.

1. Sí, hizo calor la semana pasada. 2. Sí, jugué al tenis con Eutimio. 3. Sí, colgué la ropa en el armario.
4. Sí, traje el pan que Ud. me pidió. 5. Sí, me acosté pasada la media noche.

C.III.

1. se sentó 2. pediste 3. pudo 4. mintió 5. serví 6. me divertí

D.I.

1. Ella necesitaba abrir una cuenta en el banco. 2. Todos los meses tenía que pagar muchas cuentas.
3. Trataba de gastar lo menos posible. 4. El banco cobraba $3.00 mensuales. 5. Dolores siempre revisaba los cheques cancelados.

E.I.

1. They used to go to bed very late. Se acostaron muy tarde. They went to bed very late.
2. The girl used to eat very little. La niña comió muy poco. The girl ate very little.
3. Luisa used to stroll (go for a walk) through the park. Luisa paseó por el parque. Luisa strolled (went for a walk) through the park.
4. The girl used to have good luck. La chica tuvo buena suerte. The girl had good luck.

E.II. *(Respuestas sugeridas)*

1. Ellos leían la carta cuando entré. 2. Aunque ella era muy bonita, no era muy popular. 3. Ellos iban a la escuela en autobús cuando vivían en la finca. 4. Él tenía diez años cuando vino a Tejas. 5. Había varias personas mirando el programa.

E.III.

1. llegamos hacía 2. informó iba 3. sabíamos podía 4. Llovía soplaba 5. Decidimos oímos

E.IV.

1. estaba despertó 2. asomé vi ardía 3. Hacía extendían 4. Corrí 5. llegó pudieron

E.V.

1. Eran estaba 2. queríamos parecía iba decidimos 3. llamó preguntó quería 4. contestó
estaba iba 5. llegó tomamos nos sentamos

E.VI.

1. íbamos 2. aseguré 3. pagaba 4. dejó murió 5. era viajaba

94

Dictado.
1. Se calcula que en la época de la conquista existían en Latinoamérica más de ciento veinte idiomas indios.
2. Los idiomas indios han tenido influencia en el habla de los países, especialmente en el vocabulario.
3. El conquistador español no tenía palabras en su idioma para describir las plantas y los animales nativos y se sirvió de términos indios.
4. Palabras como maíz, cacao, chocolate, vicuña y tabaco procedían de las lenguas indias.
5. Todavía en la actualidad se oyen en Latinoamérica muchos idiomas indios. Por ejemplo, en México se emplean más de ochenta.

CAPÍTULO II

A.I.
1. Sí, veré la película. 2. Sí, le diré la verdad a mi mujer. 3. Sí, le daré el regalo a mi marido. 4. Sí, Jaime obtendrá el puesto. 5. Sí, ellos harán un viaje.

A.II.
1. será 2. habrá 3. hablará 4. expondrá 5. irán

A.III.
1. querrás querrías 2. daré daría 3. reiremos reiríamos 4. sabrá sabría 5. cabrán cabrían

A.IV.
1. El Sr. Gutiérrez Lanza dijo que nevaría. 2. El periódico dijo que llovería. 3. Pensé que saldría el sol.
4. Me imaginé que habría niebla. 5. Creí que haría calor.

A.V.
1. llamarán 2. vendría 3. Serán 4. Serían 5. iría 6. estarían 7. habrá 8. Tendría 9. será 10. invitaría

A.VI.
1. sabría 2. podrías ganar 3. gustaría 4. llegará 5. moriré

B.I.
1. rota 2. cubierta 3. descompuesta 4. muerta 5. desesperada

C.I.
1. ha dado 2. han ido 3. han sido 4. han venido 5. han regresado

C.II.
1. Que ya había pasado la aspiradora. 2. Que ya había pulido los muebles. 3. Que ya habían lavado las ventanas. 4. Que ya había encerado los pisos. 5. Que ya habían barrido la terraza.

C.III.
1. Habrá aprendido a patinar. 2. Habrá montado bicicleta. 3. Habrán ido a nadar en el lago. 4. Habrán traído las truchas que pescaron.

C.IV.
1. la habría visto.   2. habría comprado la casa.   3. habría podido salir en el avión de las tres.   4. habría salido con ellas.

C.V. *(Respuestas sugeridas)*
1. La Sra. Osorio ha vendido su casa; ella se mudará el mes que viene.   2. Ellos habían enviado la carta por correo aéreo.   3. Mi esposa habrá terminado de preparar la cena para las siete.   4. Yo le habría dado a él el libro, pero él no vino a la biblioteca.   5. Ellos (probablemente) habrán vendido la casa.

D.I.
1. Es   2. están   3. es   4. fue   5. Era   6. es   7. está   8. son   9. son   están   10. será

D.II.
1. está   2. es   3. son   4. están   5. Es   6. Estuvieron   7. fue   8. eran

D.III. *(Respuestas sugeridas)*
1. La pera está verde.   2. ¿Cómo es el nuevo edificio? Es muy moderno.   3. El chico no es perezoso, él está cansado.   4. El Sr. Villa es mi profesor de español.   5. Jorge está alto para su edad.   6. Ese juez es realmente una buena persona.   7. ¿Está Ud. listo?   8. Manuel y yo somos primos.

Comprensión oral
A.1. F   2. V   3. F   4. V   B.1. V   2. V   3. F   4. F   C.1. F   2. F   3. V   4. V

CAPÍTULO III

A.I.
1. Dudo que nieve hoy.   2. Es posible que vaya de compras.   3. Esperamos que te diviertas.   4. Martín nos pide que lo llevemos.   5. ¿Me permite que cuelgue su abrigo?

A.II.
1. lleve el carro al garage   engrase el carro   ponga gasolina en el carro
2. llame esta noche   almuerce con nosotros   encuentre un buen empleo
3. esté mejor   pueda ir al trabajo   gane mucho dinero
4. tarden tanto   conozcan ese pueblo   vuelvan tan tarde

A.III.
1. que ellos vengan con nosotros.   2. que Ud. se sienta mejor mañana.   3. que él esté en la biblioteca.
4. que vayamos mañana a la playa.   5. que cierre las ventanas?

B.I.
1. Ella quería que pusiéramos la mesa.   2. No esperaba que Eusebio se enojara tanto.   3. Ellos necesitaban un equipaje que fuera ligero.   4. Temí que llegaras tarde.   5. Deseaban que viéramos a Manuel.

B.II.
1. Ellos me aconsejaron que yo tomara esa clase.   2. Era conveniente que ellos trajeran sus tarjetas de identificación.   3. El decano nos propuso que pagáramos la matrícula.   4. El rector recomendó que ella consiguiera una beca.   5. El profesor deseaba que pudiéramos estudiar.

C.I.
1. No creen que hayas escrito la composición.   2. Dudan que hayamos sacado las fotos.   3. Es posible que Ud. haya dejado las llaves en el carro.   4. Es lástima que Uds. no se hayan divorciado antes.   5. Desean que hayamos tenido buen viaje.

D.I.
1. hubiera estado en la reunión   hubiera comprado ese traje
2. no hubieran visto a Petra   hubieran vuelto tan tarde
3. nos hubiéramos quedado a cenar   hubiéramos ido al cine
4. hubieran venido a mi casa   hubieran leído ese libro

D.II.
1. hayan llegado   2. hubiera llamado   3. hayan visto   4. hubieran tenido   5. haya ido

Lectura *(Respuestas sugeridas)*
1. La fuerza principal fue la creencia en el dios Huitzilopochtli que les ordenó la emigración hacia el sur.
2. El proceso fue muy largo (duró cien años) y muy difícil por las luchas que tuvieron con los pueblos que habitaban el valle.
3. Sí. Buscaban un lugar donde estuviera un águila parada en lo alto de un nopal.
4. Porque vieron un águila con una serpiente en las garras en lo alto de un nopal.
5. Como la nueva ciudad estaba en una isla les ofrecía una situación estratégica para defenderse de los ataques del enemigo. También el tener una ciudad con canales les facilitaba las comunicaciones y el transporte de materiales y alimentos.

CAPÍTULO IV

A.B.I.
1. que vayas al oculista.   2. que pague la factura.   3. que salten al agua desde el trampolín.   4. que Marcelino se quitara los zapatos.   5. que el periodista entrevistara al Sr. Guzmán.   6. que el técnico del estudio grabara la entrevista.   7. que la noticia produjera alarma.

A.B.II.
1. No es cierto que el país tenga muchas industrias.   2. No es verdad que planeen muchas reformas.   3. No noto que haya muchas leyes nuevas.   4. No es seguro que encontremos un buen empleo.

A.B.III.
1. que supiera de antropología.   2. que me interesara.   3. que vendiera objetos de arte precolombino.
4. que me fascinara.

A.B.IV.
1. a) Alfonso pedía el periódico tan pronto como llegaba.   b) Alfonso pedirá el periódico tan pronto como llegue.
2. a) Salían a caminar después de que acababan de comer.   b) Saldrán a caminar después de que acaben de comer.
3. a) Íbamos al campo cuando podíamos.   b) Iremos al campo cuando podamos.
4. a) Ellos avisaban cuando estaban listos.   b) Ellos avisarán cuando estén listos.

A.B.V.
1. que le guste a Felipe.   2. que condujera el carro.   3. invitara a salir.   4. que venga a la casa.   5. que sea honesto.

A.B.VI.
1. tan pronto como lleguemos.   2. que salga de la clase en seguida.   3. que ella se despierte temprano.
4. para que Ud. pudiera estudiar.   5. que ellos hayan leído el cable.

A.B.VII.   *(Respuestas sugeridas)*
1. Te dije que abrieras la puerta.   2. Ellos se fueron antes de que empezara a llover.   3. No hay nadie que sepa la respuesta.   4. Srta. Pereira, le ruego que me excuse.   5. Es necesario que yo compre cortinas nuevas.

C.I.
1. a) hace   b) hiciera   c) hubiera hecho
2. a) termino   b) terminara   c) hubiera terminado
3. a) pide   b) pidiera   c) hubiera pedido   d) pidió
4. a) busca   b) buscara   c) hubiera buscado   d) buscó

D.I.
1. siéntate   siéntese   sentémonos   no te sientes   no se siente   no nos sentemos
2. ve   vaya   vayamos   no vayas   no vaya   no vayamos
3. abre   abra   abramos   no abras   no abra   no abramos
4. canta   cante   cantemos   no cantes   no cante   no cantemos
5. haz   haga   hagamos   no hagas   no haga   no hagamos

D.II.
1. No se despierten.   2. No oigas.   3. No salgamos.   No miren.   5. No te pongas.   6. Entre.   7. Tráemelo.
8. Ve.

D.III.
1. no salgas   2. escriban   3. pórtense   4. póntelos   5. dése

Dictado
1. Las famosas ruinas mayas de Palenque se encuentran en el estado de Chiapas, al sur de México.
2. Las pirámides y templos de esta antigua ciudad revelan la grandeza de la civilización maya.
3. Los mayas tenían gran sentido artístico y amaban la naturaleza que los rodeaba.
4. En los objetos de arte abundan las representaciones de plantas y animales fielmente representados.
5. Ningún artista de nuestro siglo puede duplicar o imitar la técnica que ellos empleaban.

CAPÍTULO V

A.I.

1. las *(nada)* 2. el la los 3. La 4. el 5. Lo 6. El *(nada)* *(nada)* 7. El 8. El *(nada)*

A.II.

1. El amor 2. los domingos 3. El español 4. italiano 5. la cara 6. las mujeres y los hombres

B.I.

1. una 2. *(nada)* 3. *(nada)* 4. *(nada)* 5. unas

B.II.

1. otras 2. otros 3. otra 4. otro 5. cien 6. tal cosa 7. ¡Qué mujer!

C.I.

1. los 2. las 3. las 4. el 5. el 6. la 7. las 8. las 9. la 10. el

C.II.

1. la actriz inglesa 2. la yegua alazana 3. la nuera comprensiva 4. la artista dedicada 5. la heroína del pueblo 6. la poetisa inspirada 7. la duquesa española 8. la madrastra buena 9. la gallina peleadora 10. la atleta fuerte

Comprensión oral

1. a 2. b 3. c 4. c

CAPÍTULO VI

B.I.

1. El campeón lo recibió. 2. El corredor cubano la mereció. 3. Los periódicos lo han publicado. 4. El público los aplaudía. 5. El Presidente los felicitó.

B.II.

1. El cajero le entrega los billetes. 2. El Sr. García les enseña la mercancía. 3. El jefe de ventas les envió el informe. 4. Le mandamos la factura.

B.III.

1. El rector te llamó a ti. 2. Luis les ha enviado la solicitud a los decanos. 3. La mecanógrafa nos manda los diplomas a nosotros. 4. Nos dieron la beca a mí y a Marcos.

B.IV.

1. Juanito me lo ha hecho. 2. Te lo presentaron. 3. El capitán se las dio. 4. Ellos se la pagan. 5. Se las damos. 6. Van a enviármelo. 7. Están haciéndomelo. 8. No se los dé.

B.V.

1. Está escribiéndotelos. 2. Prefiero decírselo. 3. No las abra. 4. Repítanlo. 5. No se los enseñe.
6. Díganoslo.

C.I.

1. Me despierto 2. Nos desayunamos 3. se peina 4. se despiden 5. Te quitas

C.II.

1. Siéntense. No se sienten. 2. Lávese. No se lave. 3. Pongámonos. No nos pongamos. 4. Vámonos.
No nos vayamos. 5. Levántate. No te levantes.

C.III.

1. Vistámonos. 2. Sentémonos. 3. Acostémonos. 4. Levantémonos. 5. Vámonos.

D.I.

1. ti 2. nosotros 3. sí 4. yo 5. mí

D.II.

1. para nosotros 2. cerca de mí 3. contigo 4. con ella 5. con él

E.I.

1. Se me olvidó el apunte. 2. Se te zafó la blusa. 3. Se nos arruinó la alfombra. 4. Se me quemaron los
frijoles. 5. Se nos perdió el gato.

E.II.

1. Se te 2. se le 3. se le 4. Se me 5. se le 6. Se nos

F.I.

1. le gustan 2. me duele 3. te faltan 4. le quedan 5. nos sorprende 6. le asustan 7. le enoja 8. te parece

F.II. *(Respuestas sugeridas)*

1. A Elvira le gusta hablar. 2. Nos gusta esta tienda. 3. ¿Te gustó la comida? 4. A Enrique le gusta ella.
5. A ella le gusta Enrique. 6. Este libro les interesa a los estudiantes. 7. Me parece que ella es inteligente.
8. Les falta tiempo a ellos para terminar el examen.

Lectura *(Respuestas sugeridas)*

1. Las dificultades de la época colonial con que tropezó Sor Juana Inés de la Cruz fueron la intransigencia y
   las restricciones que existían impuestas por la Inquisición y los gobernantes.
2. El papel principal de la mujer en esa época eran los quehaceres domésticos.
3. Sor Juana Inés causó una gran impresión en la corte virreinal por su gran talento y por las respuestas
   brillantes que daba siempre.
4. El nombre de Sor Juana Inés antes de entrar en el convento era Inés de Asbaje y Ramírez.
5. En la carta Sor Juan Inés expresó su oposición a las injusticias y criticó el que no se le permitiera a la
   mujer enseñar lo mismo que a los hombres.
6. Ella se dirige al mundo que la rodeaba lleno de intolerancias.

100

CAPÍTULO VII

A.I.
1. que   2. quien   3. lo que   4. el que   5. que

A.II.
1. Los coches que pasan hacen mucho ruido.   2. Ella es quien ha traído el telegrama.   3. La trabajadora social, cuyo nombre no sé, tomó los datos.   4. El tren en que viajamos es muy bueno.   5. La casa, cuyos cuartos son pequeños, no me gusta.

A.III. *(Respuestas sugeridas)*
1. Esta es la muchacha con quien yo estudio. 2. La hermana de Juan, la que (quien) es monja, vive en este convento
3. El hombre cuyo carro compré vive en El Paso.   4. El informe (reporte) que Ud. escribió es muy bueno.
5. Lo que necesito es un millón de dólares.

B.I.
1. Mi amigo es colombiano.   2. Sus tíos están enfermos.   3. Su canario canta muy lindo.   4. Tu jardín está lleno de flores.   5. Nuestros naranjos producen naranjas dulces.

B.II.
1. tu   2. su   3. su   4. el suyo   5. sus   6. nuestro   7. mis   8. mía   9. nuestra   10. Sus

C.I.
1. esta   2. éste   3. esto   4. este   5. Esta

C.II.
1. éste   2. ésta   aquélla   3. Eso   4. éstos   5. Estos   ésos

D.I.
1. Cuántos   2. Cuál   3. Qué   4. Cuál   5. qué   6. quién   7. Cuál   8. Cuánto   9. Qué   10. quién

D.II. *(Respuestas sugeridas)*
1. ¿Qué dijo Ud.?   2. ¿Cuál vestido quiere Ud.?   3. ¿Cuál es la distancia entre Guadalajara y México?
4. ¿Cuál compró Ud.?   5. ¿Cuáles prefiere Ud.?   6. ¿De quién es esta pluma?

E.I.
1. Algún   2. algunos   3. alguna   4. ningún   5. ninguna

E.II. *(Respuestas sugeridas)*
1. Ella no invitó a nadie.   2. Ninguno de los muchachos pudo hacerlo.   3. No sé nada de astrología.   4. Más que nunca necesito trabajar.   5. Algunos amigos vinieron a verme.

Dictado
1. La pampa argentina, esa enorme llanura al sur y al oeste de Buenos Aires, fue en otro tiempo el mundo abierto del gaucho.
2. El gaucho dependía del ganado para vivir. Comía su carne y vendía los cueros.

3. A pesar de la fecundidad de la pampa el gaucho nunca se dedicó a la agricultura.

4. La lucha con la naturaleza hizo que el gaucho fuera un hombre altivo, fuerte, enérgico e independiente.

5. El gaucho y su caballo eran inseparables. Era su transporte y su compañero fiel y constante.

CAPÍTULO VIII

A.I.

1. Ella es perezosa.   2. Ud. es envidioso.   3. Tú eres leal.   4. Tú y yo somos pacientes.   5. Ellos son miedosos.

A.II.

1. Durante el viaje yo saqué cien fotografías.   2. Esos chicos no tienen ningún talento.   3. Ella acaba de recibir algún dinero.   4. Cervantes fue un gran escritor.

A.III.

1. cien   2. arquitecto mejicano   3. primer   4. un gran hombre   5. Algún   6. tercera   7. Algunos   8. Los días felices   9. Pobre hombre   10. El buen hombre   11. vino blanco   12. el ancho cielo.

B.I.

1. Aurelio es menor que su hermano.   2. Ella fue la primera en llegar.   3. Este hotel es peor que el otro.

4. Consuelo es una mala maestra.   5. Mis padres están muy mal.

B.II.

1. tan azul como   2. menos ancha que   3. más que   4. menor que   5. mejor que   6. mayor que   7. tanto como   8. más rica que   9. tanta humedad como   10. tantos habitantes como

B.C.I.

1. la más alta del   2. tantos como   3. la más grande   4. menos que   5. más que   6. tantos como   7. tanta como   8. tan como   9. tanto como   10. mejor que

D.I.

1. bien   2. buen   3. bien   4. buenos   5. De vez en cuando   6. fluidamente   7. mejor que nunca   8. rápidamente

Comprensión oral

A. 1. F   2. V   3. V   4. F   **B.** 1. F   2. V   3. F   4. F   **C.** 1. V   2. F   3. F   4. F   **D.** 1. V   2. F   3. F   4. V

CAPÍTULO IX

A.I.

1. La casa de mi abuelo   2. paredes de adobe   techo de tejas rojas   3. a la hacienda   desde (de) junio hasta (a) agosto   4. al la entrada   en la casa   5. Enfrente (Delante) de   contra (con)   6. desde

B.I.

1. Quiero el traje para mañana.   2. Fui al garaje para llenar el tanque de gasolina.   3. Fui al correo para comprar sellos.   4. Iban para la universidad.   5. Pienso estudiar para trabajadora social.

B.II.

1. El arroz se quemó por no tener bastante agua.   2. Me vendió la moto por muy poco dinero.   3. El desfile pasará por la calle principal.   4. Paseamos por el parque.   5. No asistí a la reunión por no tener tiempo.

B.III.

1. por   para   2. Por   3. por   para   por   4. por   5. por   6. por   para   7. Por   8. para

B.IV.

1. por   2. por   3. Por la mañana   4. para   5. por   6. por   7. para   8. por   9. por   10. por

C.I.

1. pero   2. sino que   3. sino   4. pero   5. sino que

D.I.

1. a   2. (*nada*)   3. a   4. a   5. (*nada*)   6. a   7. a   8. (*nada*)

E.I.

1. Sueño con   2. Pensamos en ti.   3. Ellos buscaron el perro   4. Ella le preguntó por   5. escuchan las noticias

Lectura   *(Respuestas sugeridas)*

1. Porque en la música de Hispanoamérica podemos notar la influencia de lo indio, lo español y lo africano.
2. Depende de los lugares. En ciertas regiones predomina lo indio, en otras lo español y en otras partes lo africano.
3. La "quena" incaica.
4. En las regiones del Caribe es más fuerte la influencia negra.
5. Sí, existen.

CAPÍTULO X

A.I.

1. El crimen fue publicado en todos los periódicos.   2. El asesino fue detenido poco tiempo después.
3. El criminal fue sentenciado a cadena perpetua.   4. El horrendo suceso fue comentado en todas partes.

A.II.

1. Se ofrecerán nuevas oportunidades.   2. Se aumentarán los impuestos.   3. Se firmó la ley.   4. Se anunció la salida del tren.

A.III.

1. fueron construidas por   2. fue hecho por   3. son pintados por   4. será cantada por

B.I.

1. Nos divertimos sin tener dinero.   2. Los vimos antes de embarcarse.   3. Se quitó los zapatos al sentarse.
4. Se sintió mal al saltar.

B.II.

1. para jugar   2. Después de estudiar   3. Antes de pagar   4. sin despedirse (sin decir   adios)   5. Al llegar

C.I.

1. La familia está comiendo en la terraza.   2. La compañía está distribuyendo un nuevo producto.   3. Ellos
están charlando de política.   4. Esperanza está cantando y bailando en el cabaret.   5. Está lloviendo a cántaros.

D.I.

1. amanece   2. diluvió   3. nieve   4. tronando   relampagueando   5. llover   6. escampe   7. granizar   8. Parece
9. Conviene   10. amanecer

D.II. *(Respuestas sugeridas)*

1. No llueve mucho en Los Ángeles.   2. Nevó toda la noche.   3. ¿Está lloviendo?   4. Está muy nublado.
5. Es un día hermoso. (Hace un día hermoso.)

E.I.

1. se puso   2. Nos pusimos   3. se volvió   4. se quedó   5. se puso   6. se volvió   7. me quedé   8. se puso

F.I.

1. Hacía dos años que no íbamos a España.   2. Hacía tres horas que estábamos volando sobre el Atlántico.
3. Hacía dos días que asistíamos a la Universidad de Madrid.   4. Hacía seis meses que estudiábamos español.

F.II.

1. Hace una hora que estoy aquí.   2. Hace dos meses que hablé con Pablo.   3. Hacía tres meses que nos
conocíamos.   4. Hace un año.

F.III.

1. hacen preguntas   2. Me hice daño   3. hizo pedazos   4. hizo el papel   5. hizo escala

G.I. *(Respuestas sugeridas)*

1. El muchacho tiene mucho sueño.   2. Él siempre tiene razón.   3. Ellos tienen la culpa del accidente.
4. Ella siempre tiene miedo de manejar de noche en la autopista.   5. No tengo hambre sino que tengo mucha
sed.   6. Tenga cuidado cuando vaya a nadar en la playa. Tenga presente que hay muchos tiburones en esa área.